AF450393

BIBLIOTHÈQUE
du
MOUVEMENT PROLÉTARIEN
IX

PAUL DELESALLE

Les Bourses du Travail
et la C. G. T.

PARIS
LIBRAIRIE DES SCIENCES POLITIQUES & SOCIALES
Marcel RIVIÈRE et Cⁱᵉ
31, rue Jacob

LES BOURSES DU TRAVAIL
ET LA C. G. T.

Naissance des Bourses du travail

Ce qui caractérise par dessus tout le mouvement syndicaliste français, c'est son évolution constante. Les Bourses du Travail, dans l'esprit de ceux qui, les premiers, conçurent l'idée de leur création, devaient surtout et uniquement assurer « la régularisation du marché du travail », rendre plus facile aux employeurs la recherche de la main-d'œuvre nécessaire à leur industrie ou à leur commerce, et donner à ceux appelés à vendre ou à louer moyennant salaire leur force travail les moyens de se procurer un gagne-pain.

C'est, semble-t-il, M. de Molinari, rédacteur en chef du *Journal des Economistes*, qui, en 1845, conçut le premier le projet de créer une Bourse du Travail. Mais, devant l'indifférence des ouvriers qui se méfiaient, et devant l'hostilité violente des patrons qui craignaient déjà de voir les ouvriers s'entendre et se concerter, le dit projet ne put être mis en application. En février 1851, M. Ducou, représentant du peuple, déposait sur le bureau de l'Assemblée législative un projet inspiré vraisemblablement de l'idée de M. Molinari, mais celui-ci, tentative inutile et peut-être prématurée, fut repoussé par 418 voix contre 218.

La question sommeille alors pendant vingt-cinq ans et les ouvriers de la fin de l'Empire, que le besoin de groupements professionnels agitait, sous l'inspiration de ceux de leurs camarades qui étaient allés à Londres visiter l'Exposition de 1863, avec l'appui du gouvernement impérial, ne semblent avoir eu à aucun moment des velléités de tenter la création de Bourses du Travail.

En 1875, un pétition d'ouvriers, déposée sur le bureau du Conseil municipal de Paris, formulait le projet suivant:

« Les soussignés demandent qu'il soit procédé à l'étude de l'établissement, à l'entrée de la rue de Flandre, d'une « Bourse du Travail » ou au moins d'un refuge clos et couvert, afin d'abriter les nombreux groupes d'ouvriers qui se réunissent, chaque matin, pour l'embauchage des travaux du port et autres. »

Ce projet, qui ne réclame en somme qu'un local pour l'embauchage, pour remplacer la « grève » en plein air, qui existe encore actuellement pour certaines corporations (1), fut renvoyé à une commission qui l'enterra... naturellement.

Enfin, le 5 novembre 1886, un rapport concluant à la création d'une Bourse du Travail était déposé sur le bureau du Conseil municipal, et comme il fallait compter avec les ouvriers parisiens, que les idées socalistes començaient à gagner, le projet fut

---

(1) Les peintres et divers autres ouvriers du Bâtiment ont encore leur « grève » ou lieu de rendez-vous pour l'embauchage derrière la caserne Lobau.

adopté. L'idée d'une Bourse du Travail, tant de fois abandonnée, allait donc enfin devenir une réalité. Dans l'intervalle, il est vrai, un fait capital s'était produit. La loi de 1884 sur les syndicats professionnels, votée par le Parlement, avait donné à ceux-ci une existence légale. Ils allaient se multiplier, mais pas précisément dans le sens espéré par l'initiateur de la loi, M. Waldeck-Rousseau; la campagne menée actuellement dans certains milieux pour arriver à une revision de la loi de 1884 le prouve surabondamment. C'est que le but poursuivi par les bourgeois libéraux en 1884 — la canalisation du mouvement ouvrier dans un sens rétrograde — n'a pas été atteint.

Sous l'influence d'hommes d'action, les syndicats ont marché de l'avant, ils ne se contentent même plus de réclamer pour leurs membres le droit à l'existence de chaque jour par une augmentation de salaire, un peu plus de bien-être et de liberté par une diminution des heures de travail, un peu plus de dignité en refusant de se laisser traiter comme des bêtes de somme; ils prévoient maintenant qu'ils pourront être appelés un jour à assurer la production, et qu'ils sont l'embryon des groupes libres de producteurs de l'avenir.

Mais la loi de 1884, aidant la venue à la vie sociale de nouveaux syndicats professionnels, fait que les Bourses du Travail vont se créer, se développer rapidement.

A Paris, le premier local loué à cette intention par la municipalité — et qui existe encore rue Jean-Jacques-Rousseau — fut vite insuffisant, et le 22 mai 1892, eut lieu l'inauguration du local actuel de la rue du Château-d'Eau.

Les péripéties par lesquelles passa la Bourse du Travail, les multiples décrets tendant à toujours restreindre les droits des travailleurs à qui officiellement l'on disait, en 1887, en leur remettant le local de la rue Jean-Jacques Rousseau : « Vous êtes chez vous! » cela est de l'histoire contemporaine, tellement connue de tous, que nous nous dispensons de la refaire.

Paris avait donné l'exemple et la province ne tarda pas à l'imiter, les travailleurs ayant partout des besoins identiques. Dans les années qui vont suivre, des Bourses du Travail se créent simultanément à Béziers, Montpellier, Cette, Lyon, Marseille, Saint-Etienne, Nîmes, Toulouse, Bordeaux, Toulon, Cholet, etc.

L'idée et surtout la nécessité s'en étaient dès lors implantées parmi les ouvriers français. Le développement des Bourses du Travail ne devait plus s'arrêter, et, en 1892, au premier Congrès des Bourses, qui se tient à Saint-Etienne, dix Bourses du Travail sur quinze existant alors se firent représenter.

Dès ce premier Congrès, l'esprit d'indépendance vis-à-vis des pouvoirs publics, qui animera plus tard la Fédération des Bourses du Travail d'abord, puis la Confédération générale du Travail, commence à se faire jour, et, dans sa quatrième séance, le Congrès de Saint-Etienne adoptait un ordre du jour dans lequel nous détachons le passage suivant :

« Le Congrès des Bourses du Travail déclare que les travailleurs doivent repousser d'une façon absolue l'ingérence des pouvoirs administratifs et gouvernementaux dans le fonctionnement des Bourses, ingérence qui s'est manifestée par la déclaration d'utilité publique, qui n'a été proposée par le gouvernement que pour nuire à leur développement. »

Le besoin et l'esprit d'indépendance, la lutte contre l'Etat bourgeois et démocratique, l'action directe, tout ce qui sera et fera, quelques années plus tard, la caractéristique du syndicalisme français et donnera à la Confédération générale du Travail son originalité propre dans le mouvement ouvrier mondial, est déjà en germe dans l'ordre du jour du Congrès des Bourses du Travail de Saint-Etienne.

Ce Congrès, désormais historique, ne compte dans son sein — et pour la première fois en France — que des délégués de groupes économiques sans distinction de parti politique, les travailleurs qui y assistent et représentent leurs camarades prolétaires n'y prenant part que comme exploités et à ce titre seul.

Dans la dernière séance du Congrès, enfin, les délégués élaboraient un projet de statuts et jetaient les bases de la création d'une *Fédération des Bourses du Travail.* Ils décidaient comme sanction d'adresser à toutes les Bourses existantes le questionnaire suivant:

1° Etes-vous partisan de la Fédération des Bourses du Travail?

2° Acceptez-vous les statuts élaborés au Congrès de Saint-Etienne?

3° Avez-vous l'intention de vous faire représenter au deuxième Congrès de la Fédération des Bourses du Travail devant se tenir à Toulouse, au mois de février 1893?

Venaient ensuite plusieurs questions relatives au fonctionnement des Bourses sollicitées et à leur façon d'envisager le fonctionnement de la Fédération en projet.

Dès lors, l'on peut dire que la Fédération des Bourses avait commencé à exister, puisqu'un lien rattachait ces organismes les uns aux autres. Le Congrès projeté, et qui se tint effectivement à Toulouse, en ratifiant les statuts élaborés à Saint-Etienne, assurait son existence définitive, et l'on peut dire que dès ce jour-là, il y a en France un mouvement syndical réellement autonome.

Parallèlement aux Bourses du Travail, dont l'essor va toujours grandissant, mais qui ne groupent les exploités que localement, se développent également les Fédérations d'industrie et de métier qui les groupent nationalement.

Mais la tenue simultanée de Congrès politico-syndicaux et de Congrès de Bourses du Travail « énerve » le mouvement naissant. Chacun sent qu'il faut que l'on cède d'un côté ou de l'autre. Un Congrès se tient à Nantes; la Fédération des Bourses organise à la même date et dans la même ville, un second Congrès qui amène la fusion, malgré l'opposition de la « Fédération des Syndicats », — affiliée à l'organisme polique, — et, cette fois, par le vote à une grosse majorité de la *Grève générale révolutionnaire*, condamnée la veille par le Congrès guesdiste, la rupture entre l'organisation politique et l'organisation économique est définitive.

L'année suivante, — 1895, — après d'ardentes discussions, le Congrès, qui se tint à Limoges, adoptait à une très forte majorité l'article 1ᵉʳ des statuts du nouvel organisme, ainsi conçu:

« *Les éléments constituant la Confédération devront se tenir en dehors de toutes les écoles politiques.* » A ce jour, la CONFÉDÉRATION GÉNÉRALE DU TRAVAIL était créée.

Sous cette double influence, Fédérations de métiers, Bourses du Travail, les syndicats ouvriers se multiplient; le mouvement syndical prend corps.

Toutefois, la Fédération des Bourses du Travail, en temps qu'organisme distinct, continue à fonctionner. Le *Comité Fédéral des Bourses du Travail* qui n'a alors pour siège que l'arrière-boutique d'un marchand de vins de la rue du Temple, déploie la plus grande activité et toutes les questions qui intéressent la classe ouvrière, économiquement organisée, y sont l'objet d'études; de nombreux manifestes et circulaires mettent en garde les Bourses contre les projets de lois par trop « paix sociale ».

Les Bourses du Travail, en cela, admirablement inspirées, mirent à la tête de leur Fédération un homme qui, par ses connaissances, son sens clair et pratique du mouvement, eut une influence des plus heureuses sur leur développement, le regretté Fernand Pelloutier (1) qui, dépensant ses forces sans compter, se montra tour à tour organisateur, journaliste, conférencier, etc. Grâce en partie à lui, les Bourses du Travail se multiplient, prennent un essor qui, moins de dix ans plus tard, inquiétera à ce point la bourgeoisie que l'on essayera dans certains milieux très « démocratiques »... d'en provoquer la dissolution, sans toutefois oser aller jusque-là. Leur développement est alors rapide. Les Bourses du Travail, de neuf qu'elles étaient représentées à Saint-Etienne, en 1892, passent à quarante au Congrès de Nîmes, en 1895.

Avec une progression constante, il y a au Congrès de Bourges, en 1904, 110 Bourses du Travail ou Unions de syndicats représentées, 135 en 1906, et à la veille du dernier Congrès que la Confédération Générale du Travail a tenu l'an dernier à Marseille, la

____

(1) Fernand Pelloutier, né à Paris le 1ᵉʳ Octobre 1867, mort aux Bruyères de Sèvres le 13 Mars 1901.

Voir l'excellente biographie de ce précurseur du Mouvement syndicaliste français par Victor Dave, dans l'ouvrage posthume de Pelloutier « *Histoire des Bourses du Travail.* »

Fédération des Bourses du Travail, devenue, depuis le Congrès de Montpellier (1902), l'une des deux sections confédérales, comptait 157 Bourses du Travail ou Unions de syndicats groupant plus de 2.000 syndicats.

TABLEAU COMPARATIF
de l'accroissement des Unions de Syndicats
depuis 1900

ANNÉES	NOMBRE DE BOURSES	NOMBRE DE SYNDICATS	AUGMENTATION	
			EN BOURSES	EN SYNDICATS
1900	57	1.065	»	»
1902	83	1.112	26	47
1904	110	1.349	27	237
1906	135	1.609	25	260
1908	157	2.028	22	419

Le tableau ci-dessus répond mieux que n'importe quoi, semble-t-il, à toutes les critiques formulées contre la Confédération Générale du Travail, et en particulier contre la *Section des Bourses*, dont l'on s'est plu, dans certains milieux, à dénigrer la tactique et l'action. Quoi que l'on en ait dit, il apparaît bien ici, chiffres à l'appui, que l'action révolutionnaire n'a jamais fait oublier la besogne d'organisation méthodique. A ceux qui ne voudraient pas encore en convenir, les chiffres, encore mieux que les raisonnements, seront là pour répondre.

Les Bourses du travail dans la Confédération

Ce qui caractérise par dessus tout le mouvement syndicaliste français, — disions-nous au début de cette étude, — c'est son évolution constante. On peut dire, en effet, qu'il n'est figé dans aucune théorie préconçue et qu'il cherche dans la vie de chaque jour, et suivant les besoins immédiats du moment, sa tactique et la solution des problèmes qui se posent à lui. Ce qui ne veut pas dire, bien entendu, qu'aucune idée générale ne le guide: l'action directe, la lutte contre l'Etat bourgeois et démocratique sont des points que ne perdent jamais de vue les militants du syndicalisme révolutionnaire lorsqu'ils se trouvent en face de faits précis et de questions à résoudre.

Lorsqu'en 1892, Pelloutier et quelques-uns de ses camarades eurent. l'idée de relier entre elles les quelques Bourses du Travail existantes, lorsqu'ils provoquèrent la tenue d'un congrès des Bourses, aucun d'eux ne semblait prévoir que dix ans plus tard le lien qu'ils venaient de créer entre ces institutions économiques s'élargirait au point de devenir ce qu'est la Confédération Générale du Travail, terreur de la bourgeoisie, inquiétude permanente de la gent politicienne qui la flattent parfois, mais la craignent et en souhaitent au fond d'eux-mêmes la disparution.

Cette évolution, ce rapide développement qu'il était difficile de prévoir s'est opéré aussi bien dans le domaine des idées théoriques que dans celui de l'organisation pratique, c'est pourquoi nous devons exquisser ici la constitution de la Confédération Générale du Travail et le rôle assigné aux Bourses du Travail dans la dite Confédération.

Le Congrès de Limoges — 1895 — avait bien décidé la création de la Confédération Générale du Travail en la dotant même d'un statut réunissant en un seul faisceau toutes les forces ouvrières économiquement organisées sous le double aspect: national, d'une part, en Fédérations de métier ou d'industrie; local, d'autre part, sous le vocable d'Unions de syndicats ou de Bourses du Travail. La Confédération, pour des raisons complexes qu'il serait fort long d'examiner ici, ne fonctionna pas dès le début comme il aurait été désirable et, jusqu'à l'issue du Congrès de Montpellier — 1902 — la Fédération des Bourses du Travail subsiste.

Amorcée par une ample discussion au Congrès de Lyon — 1901 — ce que l'on a appelé l'*Unité ouvrière* — réunion dans un faisceau unique des Bourses du Travail d'une part et des Fédérations de métier et d'industrie d'autre part — ne fut définitive qu'au lendemain du Congrès de Montpellier, et ce n'est qu'à partir du 1ᵉʳ janvier 1903 que commença à fonctionner l'actuelle Confédération Générale du Travail.

L'examen rapide de sa constitution montrera le rôle assigné aux Bourses du Travail au sein de la Confédération. Celle-ci, après un préambule qui forme l'article 1ᵉʳ de ses statuts, est définie nettement par l'article:

« La Confédération Générale du Travail est constituée par:

« 1° Les Fédérations nationales, à *leur défaut*, les

Fédérations régionales d'industrie, de métier et les syndicats nationaux;

« 2° Les Bourses du Travail considérées comme *Unions locales,* ou départementales ou régionales de corporations diverses et sans qu'il y ait superfétation;

« 3° Elle admet en outre les syndicats dont les professions ne sont pas constituées en Fédération d'industrie ou de métier, ou dont la Fédération n'est pas adhérente à la Confédération Générale du Travail. »

Comme on le voit, la Confédération est composée:

D'une part, des Fédérations d'industrie ou de métier;

D'autre part, des Bourses du Travail considérées comme *Unions locales ou départementales* de syndicats divers.

Mais il ne suffit pas, pour qu'un syndicat soit confédéré, qu'il adhère à l'une ou à l'autre de ces deux formes du groupement, mais bien à l'un et à l'autre, c'est-à-dire à la fois à la Fédération nationale de sa corporation et à la Bourse du Travail ou Union locale.

C'est ce que définit nettement l'article 3 ainsi conçu :

« Nul syndicat ne pourra faire partie de la Confédération s'il n'est fédéré *nationalement* et adhérent à une Bourse du Travail ou Union de syndicats locale ou départementale ou régionale de corporations diverses. »

C'est cette double obligation : groupement local d'une part, national d'autre part, qui est la caractéristique de ce que l'on a appelé l' « Unité ouvrière ».

La Confédération est donc composée de deux sections autonomes: section des Bourses, section des Fédérations.

Il nous reste maintenant à voir quelles sont les attributions de la section des Bourses au sein de la Confédération.

L'article 10 des statuts confédéraux les définit comme suit:

« La section des Bourses du Travail a pour objet d'entretenir des relations entre toutes les Bourses, dans le but de coordonner et de simplifier le travail de ces organisations ; de créer ou de provoquer la création de nouvelles Bourses ou Unions de syndicats divers dans les centres, villes ou régions qui en sont dépourvus; de décider les syndicats de ses organisations, non fédérés par métier ou par industrie, à adhérer à leur Fédération respective. »

« Elle adresse périodiquement, avec les renseignements fournis par les Bourses du Travail, ou toute autre organisation syndicale, des statistiques de la production en France, de la consommation, du chômage, des statistiques comparées des salaires et du coût des vivres par région, ainsi que du placement gratuit qu'elle généralise aux travailleurs des deux sexes et de tous corps d'état.

« Elle surveille avec attention la marche de la juridiction ouvrière pour en signaler les avantages et les inconvénients aux organisations confédérées.

« Elle s'occupe de tout ce qui a trait à l'administration syndicale et à l'éducation morale des travailleurs. »

J'ajoute que chacune des deux sections est autonome et nomme dans son sein un secrétaire et un secrétaire-adjoint chargés d'en assurer le fonctionnement.

Egalement, chacune des deux sections a statutairement un budget autonome; la section des Fédérations recueille les cotisations des Fédérations nationales d'industrie ou de métier; la section des Bourses du Travail celles des Unions locales de syndicats ou Bourses du Travail.

Le trésorier perçoit les cotisations des deux sections et gère tous les fonds encaissés par la Confédération.

Voici le rôle imparti aux Bourses du Travail dans l'ensemble du mouvement ouvrier. Pendant que les Fédérations de métier ou d'industrie groupent les exploités d'un même corps d'état nationalement, aux Bourses du Travail revient la tâche de grouper localement les travailleurs de diverses corporations pour donner à l'action des syndicats d'une même ville l'unité nécessaire à l'œuvre de la révolution sociale.

Les premiers syndicats ouvriers, avant de former des Unions ou Bourses du Travail, s'appliquaient surtout à créer entre leurs membres des rapports de solidarité et de mutualité. Ce fut, au début, la grande raison d'être des groupements d'ouvriers d'un même métier. Mais fatalement, par la force des choses, les travailleurs en vinrent à transformer leurs groupements de solidarité en groupes de résistance contre l'avidité chaque jour grandissante des capitalistes.

Le seul groupement en syndicat en fit bientôt apparaître l'insuffisance et les résultats tangibles furent à peu près nuls tant qu'on n'avait pu rapprocher les diverses corporations, les obliger à se pénétrer et à se connaître, et, par là, les mettre à même d'apprendre que toutes les opérations sociales se répercutent; que la modification politique ou économique la plus simple a, en outre des effets qu'on voit, suivant l'expression de Frédéric Bastiat, d'autres effets qu'une étude réfléchie permet seule d'apercevoir; que nulle profession ne peut améliorer son sort sans aggraver celui des autres, qu'ainsi l'affranchissement prolétarien est subordonné à l'effort *simultané de tous* les travailleurs, ou, comme l'affirma l'Internationale, que « la transformation sociale ne pourra s'opérer d'une manière radicale et définitive que par des moyens agissant *sur l'ensemble* de la société ».

La Bourse du Travail a été cette école de l'économie sociale; c'est incontestablement aux échanges d'idées faits dans son sein qu'est due l'évolution profonde produite depuis quelques années dans l'esprit des organisations ouvrières. Les controverses qu'elle suscite ont fortifié cette conviction que la question sociale est une question exclusivement économique, puisqu'au fond de toutes les misères, tant morales que matérielles, on trouve le défaut d'argent, et à la source de toutes les oppressions du capital ; elles ont encore appris aux travailleurs le néant des promesses politiques; les révolutions politiques n'ayant jamais eu pour résultat qu'un changement de régime laissant subsister l'exploitation de l'homme par l'homme.

La vie des Bourses du travail

Voici maintenant « située » la place des Bourses du Travail dans l'ensemble du mouvement ouvrier. Voyons-les à l'œuvre, étudions-en les nombreux et différents services.

L'œuvre des Bourses est on ne peut plus considérable et l'on peut dire qu'aucune des manifestations de la vie ouvrière ne lui est étrangère. Les services qu'ont rendus et que rendent chaque jour aux travailleurs les Bourses du Travail sont prodigieusement complexes et variés.

Fernand Pelloutier, à qui il faut toujours emprunter et à qui il faudra toujours avoir recours lorsque l'on voudra parler ou écrire sur les Bourses du Travail, divisait comme suit en quatre classes les services qu'elles doivent créer et assurer d'une façon permanente pour répondre à tous les desiderata des travailleurs:

1° *Le service de la mutualité* qui comprend le placement, les secours de chômage, le viaticum ou secours de voyage et les secours contre les accidents;

2° *Le service de l'enseignement* qui comprend la bibliothèque, l'office de renseignements, le musée social, les cours professionnels, les cours d'enseignement général;

3° *Le service de la propagande* qui comprend les études économiques et statistiques, la création des syndicats industriels, agricoles [ouvriers] et maritimes, la participation à l'élection des conseillers prud'hommes ouvriers, leur surveillance, etc. ;

4° *Le service de « résistance »*, enfin, qui s'occupe de tout ce qui a trait à la lutte contre l'organisation capitaliste, de l'organisation des grèves et des caisses de grèves, des soupes communistes, de l'agitation sous toutes ses formes y compris l'agitation contre les projets de lois inquiétants pour l'action économique.

Programme vaste et complexe, comme on le voit, mais qui, s'il n'est pas partout appliqué intégralement, l'est en partie, tout au moins dans la plupart des cent cinquante-sept Bourses du Travail que réunit à cette heure la section confédérale des Bourses.

Oui, et l'on peut le dire à l'honneur de la classe ouvrière, celle-ci est assez riche en hommes de dévouement pour pouvoir appliquer le vaste programme qu'elle s'est librement tracé et que nous venons d'esquisser. Certes, l'organisation de certains services laisse encore à désirer : ceux de la statistique, d'enquêtes permanentes sur les conditions du travail notamment, qui demanderaient des connaissances spéspéciales, un travail suivi et surtout du temps ; mais il n'en est pas moins vrai que la classe ouvrière a su trouver dans son sein des ouvriers avides de savoir, qui, n'ayant épargné ni efforts ni sacrifices, ont su, à force de volonté réfléchie, devenir de véritables administrateurs en même temps que des propagandistes prêts — et les mois de prison récoltés sont là pour venir confirmer ce que nous avançons — à payer au besoin de leur personne et de leur liberté.

L'on a vu, au début de cette étude, que dans l'esprit des premiers initiateurs des Bourses du Travail, celles-ci devaient « assurer la régularisation du marché du travail » et faciliter aux patrons la main-d'œuvre qui leur est nécessaire, aux ouvriers la recherche de leur gagne-pain.

Les Bourses du Travail n'ont rien négligé et ont fait les plus louables efforts pour développer partout leur « service de placement ». Dans certaines villes même, cette institution est à ce point parfaite que l'on peut dire qu'elle ne laisse rien à désirer. Pas une place n'est libre que le secrétaire de la Bourse ne soit en mesure d'y pourvoir immédiatement, les demandes dépassant, malheureusement pour les travailleurs, les offres d'emplois. L'ouvrier à la recherche du travail n'a pas là à subir les caprices du placeur ni à voir prélever sur son salaire, souvent trop modeste, l'impôt exorbitant qu'y prélèvent unanimement les tenanciers des officines de placement.

A la suite d'une campagne de la Confédération Générale du Travail, une loi est bien intervenue supprimant les « Bureaux de Placement », mais il s'en faut qu'elle soit appliquée. Sous le vocable de « Sociétés de secours mutuels », les anciens tenanciers de bureaux de placement, d'accord avec une partie du patronat, continuent leur néfaste industrie. C'est qu'ils ont su profiter de la haine stupide qu'ont certains employeurs pour le syndicat ou la Bourse du Travail et l'exploiter à leur avantage (1).

Quoi qu'il en soit, les services rendus aux travail-

(1) Pendant 25 ans les travailleurs avaient réclamé en vain la suppression de ces « boîtes », quand, à la suite d'une décision du Congrès de la C. G. T., une campagne active fut entreprise par la presse, meetings, manifestations devant le Sénat, etc. Quelques-uns de ces « bureaux » furent plus ou moins mis à sac par les intéressés, et, ô vertus de l'Action Directe, la loi fut votée en moins d'un an. Quand les intéressés renouvelleront leur action, la loi sera vite appliquée intégralement.

leurs dans cet ordre d'idées sont immenses, et il nous suffira de mettre sous les yeux de nos lecteurs un ou deux tableaux statistiques publiés par des Bourses du Travail pour qu'ils puissent s'en rendre facilement compte.

Bourse de travail de Toulon

Roulement de placements du 1er octobre au 31 décembre 1907

Professions	Offres	Demandes	Placés
Charrons	20	22	16
Charpentiers	9	22	7
Couvreurs	8	47	8
Domestiques hommes	19	57	11
— femmes	49	111	45
Garçons de magasin	3	11	1
Couturières	2	15	1
Maçons	13	14	12
Maréchaux	8	15	8
Menuisiers	32	37	30
Plâtriers	6	11	6
Peintres	3	45	3
Hommes de peine	1	133	1
Zingueurs	13	33	12
Tailleurs de pierres	2	18	2
Tailleurs d'habits	23	10	8
Serruriers	21	53	19
Coiffeurs	2	13	2
Totaux	234	667	192

Bourse du travail d'Arles

Statistique générale du bureau de placement pendant l'année 1906

	Demandes	Offres	Placés
Janvier	24	6	4
Février	31	3	2
Mars	21	5	3
Avril	15	6	5
Mai	16	16	9
Juin	22	13	11
Juillet	16	9	5
Août	24	19	19
Septembre ...	14	6	1
Octobre	16	15	11
Novembre	11	4	3
Décembre	7	2	2
Totaux....	217	104	75

Pendant quelque temps la Fédération des Bourses du Travail avait même tenté d'élargir le cercle un peu étroit du placement purement local et par l'*Office National de placement et de statistique* se proposait de « régulariser la marche du travail ». Les Bourses du Travail devaient régulièrement, chaque semaine, envoyer au secrétaire de l'*Office*, dont le siège était à Paris, un état des offres de travail et celui-ci, à son tour, en dresser un état et l'envoyer à toutes les Bourses fédérées. Malheureusement à la pratique cette institution ne rendit pas tous les services que l'on aurait pu être en droit d'en attendre.

Toutefois l'idée n'en était pas sans intérêt puisqu'on s'en servit après l'exposition de 1900 à évacuer sur la province les nombreux travailleurs que les travaux de l'exposition avaient attirés à Paris.

Une subvention gouvernementale alimenta ce service, et le Ministre des travaux publics y ajoutant à son tour, accorda largement les permis de chemin de fer nécessaires au « rapatriement » des travailleurs.

L'idée en sera peut-être reprise un jour dans des conditions plus favorables, souhaitons-le.

Au service de placement vient tout naturellement se souder celui du « *secours de chômage* ». Quelques Bourses ont bien tenté de l'instituer non comme une aumône à l'ouvrier sans travail, mais comme une dette de solidarité sociale. Malheureusement le développement et l'évolution du machinisme jetant chaque jour et de plus en plus sur le pavé des « sans travail », l'insuffisance des secours s'est vite fait sentir et l'épuisement trop rapide des caisses a amené leur disparition. Toutefois quelques syndicats à base mutualiste accordent dans certains cas des secours de chômage involontaire à leurs adhérents.

Par contre si le « *secours de chômage* » n'a pu se développer comme il aurait été à désirer, si les ouvriers « sédentaires » ont peu d'espoir d'être aidés en cas de chômage, les ouvriers qui voyagent, qui vont de ville en ville à la recherche de travail — il y en a encore beaucoup plus que l'on ne le suppose dans certains milieux — sont à peu près certains de trouver dans toutes les Bourses du Travail une aide effective.

C'est dans ce but que les Bourses du Travail ont créé un service de *Viaticum* ou secours de route, qui aujourd'hui fonctionne partout avec une certaine régularité.

Qu'est-ce que le *viaticum* ou viatique ? C'est une allocation permettant au travailleur qui cherche une place, de séjourner dans une localité le temps néces-

saire pour visiter les ateliers de sa profession et,
s'il n'y a trouvé aucun emploi, de gagner la ville
voisine.

L'institution du secours de route généralisée aujourd'hui rend les plus signalés services aux travailleurs appelés à se déplacer d'une ville à l'autre.

Pas une Bourse du Travail, qui, à l'heure actuelle,
ne donne à l'ouvrier sans travail de passage un secours soit en argent soit en nature et souvent même
le logement. De plus le secrétaire ou permanent de
la Bourse fournit à l'intéressé les adresses des usines de sa corporation, le recommande à des camarades travaillant déjà dans ces ateliers, lui facilite en
un mot par tous les moyens la possibilité de trouver
un emploi.

Chaque Bourse donne au passager au prorata de ses
ressources. En voici quelques exemples : La Bourse
de Tulle verse 2 fr. à tous les passagers. Poitiers également. Périgueux 1 fr. seulement. Paris 2 fr. 50,
mais à condition que le passager appartienne à un
syndicat confédéré. Dans des circonstances données,
le secours est renouvelable. Béziers distribue des secours en nature et assure au passager quatre repas
et.le coucher dans un dortoir qui se trouve au sein
de la Bourse même. Angers donne seulement 0 fr. 25
plus deux repas et .e coucher.

Les subsides que peut ainsi obtenir un ouvrier en
voyage peuvent atteindre dans une année 150 fr. A
cette aide viennent parfois s'ajouter les subsides de
même nature versés par certaines Fédérations —
Typographes, Chapeliers, Ouvriers des Cuirs et peaux,
etc... — à leurs membres à la recherche de travail.

En somme l'ouvrier syndiqué — quelques Bourses
donnent également le secours aux non-syndiqués, à
condition qu'ils s'engagent à se syndiquer dans un

délai plus ou moins long — est assuré ainsi de pouvoir vivre tant qu'il n'aura pas trouvé un emploi.

Nous n'essaierons pas de cacher qu'il y a parfois des abus — où n'y en a-t-il pas ? — mais cela n'entache en rien l'utilité et la beauté de cette institution où la plus pure solidarité a su remplacer l'égoïste mutuellisme.

Du reste par une étude constante, et l'expérience aidant, les Bourses du Travail cherchent chaque jour à améliorer leur service du *Viaticum.*

Déjà un livret spécial a été institué, livret que l'ouvrier en voyage doit présenter pour obtenir un secours. Sur ce livret, dans une case réservée, le secrétaire de la Bourse appose un cachet et la date du passage; il est facile ainsi de se rendre compte d'où vient le passager, où il a touché des secours, etc., etc., bien des abus peuvent être ainsi évités (1).

Enfin lors de la tenue de sa dernière conférence, cette année même (1909), la section Confédérale des Bourses a mis à l'étude et a résolu en principe — la mise en application n'est maintenant qu'une question de quelques mois — la question du viaticum obligatoire et l'unification du taux et du mode de secours.

Un autre service de solidarité non moins important, du fait surtout du développement du machinisme d'une part et de l'intensification de la production de l'autre est celui relatif aux « *Accidents du Travail* ». Inutile de s'appesantir ici sur les imperfections de la loi sur « les accidents du travail »; l'on sait que le patronat s'est déchargé de ses obligations sur des compagnies d'assurances, avec lesquel-

(1) Voir aux « Documents annexes » le texte de la circulaire ministérielle concernant le *Viaticum.*

les les ouvriers blessés ont souvent à entrer vérita-
blement en lutte.

Abandonnés à eux-mêmes il est à prévoir qu'ils
seraient la plupart du temps frustrés d'une partie
de ce que la loi leur accorde. C'est pour prévenir ces
abus, sinon les éviter, tout au moins en diminuer les
effets que nombre de Bourses du Travail — dans les
grands centres industriels ou les accidents sont nombreux surtout — ont établi un service spécial.

Disons d'abord que, pour être complet, ce service
doit être double — et il en est toujours ainsi —:
Service médical d'une part. Service juridique de
l'autre. Ainsi l'ouvrier blessé a des chances d'obtenir
son dû.

Pour ce faire, la Bourse suivant son importance
s'assure les services d'un médecin, qui examine le
blessé, rédige les ordonnances, donne en un mot à
l'ouvrier blessé tous les soins désirables. L'ouvrier,
d'après la loi, étant libre de choisir son médecin et
les émoluments de celui-ci étant à la charge du patron chez qui l'ouvrier a été blessé ou de la Compa-
gnie d'assurance dont celui-ci fait partie, la Bourse
du Travail n'a donc, de ce chef, aucun frais. Ici ne
lui incombe que la charge morale d'assurer à ses
membres d'être soignés dans les meilleures conditions
possibles. Le médecin agréé ou désigné par la Bourse
peut discuter avec celui désigné par les Compagnies
et s'opposer à une reprise du travail trop précipitée
qui pourrait être nuisible à la santé ou à l'évolution
de la blessure de l'accidenté, comme c'est trop souvent le cas.

A l'avocat relevant du service judiciaire revient le
rôle d'étudier l'affaire au point de vue juridique,
d'aider de ses conseils l'ouvrier blessé, notamment
lorsqu'il y a lieu à indemnité, de plaider s'il y a lieu

L'on peut dire que les services rendus, de ce fait, par les Bourses du Travail aux ouvriers blessés sont incalculables.

A l'heure actuelle, la plupart des Bourses ont, sinon un service semblable dans leur sein avec salles spéciales appropriées, tout au moins toutes ont médecins et avocats, auxquels elles sont en mesure de pouvoir adresser leurs membres victimes d'accidents.

Dans les centres industriels importants, une commission de médecins et d'avocats, auxquels l'on adjoint quelques ouvriers qui y apportent leur expérience de travailleurs, fonctionne pour le plus grand bien de tous.

A Paris, le service du Conseil judiciaire joint au service médical fonctionne admirablement et s'est adjoint une clinique pour les petites opérations, une maison de santé pour les cas graves. Trois médecins ou chirurgiens sont en permanence et chacun leur tour à la clinique (1), et quatre permanents, conseillers prud'hommes pour la plupart, aident de leurs conseils les accidentés. Des avocats, membres de la « Commission juridique de l'Union des Syndicats de la Seine » ajoutent les lumières de leur science juridique à ces camarades depuis longtemps rompus et très au courant de leur affaire.

Le Conseil judiciaire et des accidentés du travail est à Paris la bête noire des Compagnies d'assurances, c'est assez dire quels services il rend aux travailleurs.

(1) Le « Service Médical et Judiciaire » a son siège au siège de l'Union des Syndicats de la Seine, 33, rue Grange-aux-Belles, Paris. Deux des « conseils » judiciaires se tiennent en permanence à la Bourse du Travail.

A ces différents services de mutualité, ou plus exactement de solidarité, quelques Bourses du Travail en ajoutent d'autres, suivant les tendances ou les usages locaux. C'est ainsi que les Bourses de Périgueux, Bourges, Le Mans, d'autres encore, ont un service de vestiaire ou de garde robe pour les ouvriers de passage. La Bourse de Besançon accorde un secours de décès à ceux de ses membres frappés par la mort d'un de leur proche ou à la veuve d'un des membres décédés.

Aix a établi « le sou des vieux ».

Au régiment, le sou du soldat rappelle au syndiqué qu'exploité avant de partir, il redeviendra exploité et qu'en cas de conflit où il peut être appelé à intervenir, il ne doit, en aucun cas, se faire le valet du Capital contre ses camarades.

La Solidarité ouvrière, cette antithèse de la charité bourgeoise, n'est pas un vain mot parmi les travailleurs.

*
* *

Dans le « *Service de l'enseignement* », créé par les Bourses du Travail, vient tout naturellement en première ligne celui des *Bibliothèques*. La plupart des Bourses, sinon toutes, ont apporté un soin tout particulier à leur développement. Il n'y en a pas une qui n'ait sa bibliothèque. C'est que le besoin de savoir, de s'instruire, est grand dans la classe ouvrière et parmi ses militants surtout. La Bourse du Travail, disent les statuts de ces groupements, « a pour but de concourir au progrès moral et matériel des travailleurs des deux sexes ».

C'est en s'instruisant que les travailleurs peuvent parvenir à être en mesure de s'assurer eux-mêmes et par eux-mêmes leur émancipation, à être aptes enfin à remplir leurs multiples fonctions. Et ce n'est pas une mince besogne, si l'on songe qu'un secrétaire de syndicat ou de Bourse doit être un peu orateur, journaliste, qu'il lui faut rédiger des procès-verbaux, des rapports, etc, etc. De là, la nécessité pour les travailleurs de compléter l'insuffisante instruction reçue à l'école primaire, qu'ils ont dû quitter à douze ou treize ans au plus, pour apprendre le métier qui devra les faire vivre plus tard.

Certes, les bibliothèques des Bourses sont encore bien imparfaites, certaines ne possèdent guèrent plus de 3 à 400 volumes, mais d'année en année, le nombre de ceux-ci va en augmentant. C'est que, dans la plupart des Bourses, un léger subside, 100 ou 200 francs généralement, est prélevé chaque année sur l'ensemble du budget pour enrichir la bibliothèque. Bourges, Orléans, Saint-Quentin, etc., possèdent déjà, par ce moyen, plusieurs milliers de volumes.

La composition de ces bibliothèques est variée, les ouvrages techniques et scientifiques se rapportant aux principaux corps de métiers qui ont leur siège à la Bourse, y voisinent avec les œuvres des écrivains et penseurs sociaux. *L'origine des espèces*, de Darwin, y coudoie *Le Capital* de Karl Marx. Les œuvres des penseurs socialistes et anarchistes y sont lues avec avidité. C'est que les travailleurs sentent bien la critique que font de la société des hommes comme Guesde, Sorel ou Kropotkine. Parmi les romanciers et les littérateurs contemporains Emile Zola et Anatole France sont les plus prisés. Les œuvres de Lamennais, Volney, J.-J. Rousseau, etc., etc., y voisinent avec *L'individu contre l'Etat* de Spencer et *L'origine de tous les cultes* de Dupuis.

Et ces ouvrages, dont quelques uns sont ardus pour un ouvrier qui vient de passer dix ou douze heures à l'usine, sont lus et relus, les couvertures fatiguées l'attestent.

A la lecture sur place, un nombre de Bourses chaque jour plus grand ont adjoint le système du « prêt à domicile ». Bourges, Montpellier, Perpignan etc., sont dans ce cas.

La composition des bibliothèques ouvrières pourrait en apprendre long à certains et modifier bien des opinions.

Aux bibliothèques, Pelloutier avait formé le projet de voir s'adjoindre dans chaque Bourse un « *Musée social* » ou chaque corps de métier aurait exposé des échantillons de sa production en y adjoignant des renseignements techniques, le prix de la matière première et de la main-d'œuvre, l'origine des produits, etc., etc... Quelques Bourses exposent bien par-ci par-là des « chefs-d'œuvre » d'un adhérent ou d'un groupe d'adhérents, mais jusqu'à ce jour, l'idée de Pelloutier ne s'est pas généralisée, non plus que les *Offices de renseignements* destinés à renseigner les travailleurs sur l'origine, les modes de production, etc., des produits qu'ils peuvent être appelés à ouvrer.

Ces idées intéressantes seront reprises et appliquées dans un avenir prochain à n'en pas douter car « à chaque jour suffit sa peine » et beaucoup de Bourses n'ont pas dix ans d'existence.

Un autre service important qui entre dans le cadre de l'enseignement est celui des « *Cours professionnels* ». Pas de Bourse tant soit peu importante qui n'en ait institué suivant les industries locales. Les cours de dessin industriel, de mécanique, menuiserie, charpente, sont les plus répandus; les jeunes apprentis devenus ouvriers auront plus tard à « lire » sur un plan les détails du travail à exécuter.

Apprendre à dresser soi-même ces plans, n'est-ce pas la meilleure façon de les exécuter ensuite ?

Dans les milieux de tissage, à St-Quentin, à Lille par exemple, des cours sur cette industrie sont institués et ont chaque année un auditoire attentif. A Saint-Etienne, à Toulouse, à Marseille, il y a des cours de menuiserie, ébénisterie, mécanique, typographie, carosserie, coiffure, charpente, etc., etc.

Les cours d'ordre technique sont généralement faits par un ouvrier rompu à son métier, considéré par ses camarades comme la « meilleure main » de la corporation, et quelquefois une légère allocation vient le récompenser du supplément de labeur qu'il s'est imposé, sa journée terminée. Dans quelques grandes villes, les cours de dessin sont faits par les professeurs spéciaux des écoles primaires, voire des collèges ou lycées.

L'année scolaire, qui va d'octobre à fin juin, est généralement terminée par une distribution de récompenses aux élèves qui se sont montrés les plus studieux et les plus assidus.

En ces derniers temps, l'on a beaucoup écrit et parlé — un peu à tort et à travers — d'une prétendue « crise de l'apprentissage ». Il ne nous appartient pas ici de traiter cette question, mais il est curieux de constater que ceux qui déplorent le plus cette « crise » n'ont presque jamais tourné les yeux vers les Bourses du Travail et leurs cours professionnels, cependant si remarquables à bien des points de vue.

A ces cours purement professionnels, dans quelques Bourses l'on a adjoint des cours ou conférences sur des sujets donnés, scientifiques ou littéraires.

A la suite d'une crise que tout le monde se rappelle, quelques bourgeois avaient pris « l'héroïque » détermination « d'aller au peuple », et les *Universités po-*

pulaires en avaient été le résultat. Dans quelques villes, Rennes, Le Mans, etc., les U. P., comme l'on disait, avaient leur siège dans les locaux de la Bourse. La rude logique des travailleurs a sans doute effrayé les bourgeois intellectuels venus à eux, car ceux-ci s'en sont, après très peu d'années d'expérience, retournés défendre leur classe « de l'autre côté de la barricade ».

Dans de nombreuses Bourses, les cours, causeries, conférences n'en continuent pas moins avec le concours d'orateurs ou de conférenciers locaux ou de passage.

C'est que le désir de savoir plus pour être plus fort est grand dans la classe ouvrière.

*
* *

Le service de propagande que nous allons maintenant examiner n'est pas moins important que celui de l'enseignement, l'une des principales raisons d'être des Bourses du Travail étant de créer dans les villes et même dans la région où elles ont leur siège des syndicats ouvriers dans les corporations où il n'en existe pas. Et ainsi elles se fortifient, elles augmentent leurs moyens d'action. C'est même là une obligation spécifiée par leurs statuts: comme l'explique cet extrait que l'on retrouve sous une forme ou une autre dans tous les statuts des Bourses:

Art. 2. — La Bourse du Travail a pour but ....
« De fortifier les syndicats existants, d'en créer de nouveaux dans les centres et dans toutes les corporations et de les faire adhérer à la Bourse. »

A cette besogne les militants et en particulier les Secrétaires de Bourses ne faillissent pas. Si la section confédérale des Bourses du Travail a pu passer de 1.065 syndicats payant des cotisations en 1900 à 2028 fin juin 1908, c'est grâce en partie à l'activité déployée dans les Bourses.

Réunir là où il n'existe pas de syndicat quelques ouvriers d'une corporation, leur exposer l'utilité, la nécessité pour eux de se grouper, leur en faire ressortir les avantages est l'une des besognes les plus urgentes d'un secrétaire de Bourse imbu de ses devoirs. Dans les plus importantes il existe même dans ce but une commission spéciale dite de « propagande ». Si nous ne craignions pas d'abuser des tableaux et des chiffres il nous serait facile de montrer comment par une progression constante du nombre de leurs syndicats adhérents les Bourses du Travail n'ont jamais failli à cette obligation. Aux Bourses du Travail revient notamment le mérite d'avoir créé des syndicats de travailleurs agricoles, surtout chez les vignerons du midi (Bourses de Montpellier, Béziers, Carcassonne, Arles. etc., etc.).

Ce sont les Bourses de Bourges, Nevers, Mehun-sur-Yèvre qui créèrent les premiers syndicats de bûcherons, et les Bourses de Meaux, Nemours, les premiers syndicats d'ouvriers agricoles de Seine-et-Oise et des départements limitrophes, dont on se rappelle les grèves couronnées de succès au début de cette année même.

Le prolétariat rural venant renforcer dans sa lutte contre la Société capitaliste le prolétariat industriel, est peut être l'un des faits sociaux les plus importants de ces dernières années. Aux Bourses du Travail revient l'honneur d'avoir provoqué à travers le pays la création de syndicats d'ouvriers agricoles dont le nombre augmente chaque jour.

Au « *service de propagande* » revient la tâche

— ingrate souvent, mais nécessaire toujours — de s'occuper des élections et surtout de la surveillance des conseillers prud'hommes ouvriers. Dans ce but certaines Bourses du Travail — Paris, le Hâvre, etc. — ont créé un « Comité de vigilance » des Conseils de Prud'hommes. Aux corporations intéressées de désigner parmi elles celui ou ceux de leurs membres qui devront être appelés par les suffrages de leurs camarades à être les arbitres dans les conflits entre patrons et ouvriers, aux « Comités de vigilance » à leur rappeler leurs devoirs d'exploités, à les aider en certaines circonstances de leurs conseils (1).

Par ce moyen, pas de « chantage électoral » possible comme dans la plupart des corps constitués soumis à l'élection. L'ouvrier conseiller prud'homme peut être appelé à rendre compte à tout moment de son action à ses camarades; il les consulte sur les cas litigieux. Le « Comité de vigilance » est encore une sorte d'école mutuelle où les conseillers prud'hommes ouvriers s'aident les uns les autres de l'expérience qu'ils acquièrent par la pratique, se communiquent enfin les textes, considérants et jugements des affaires dont la solution est favorable aux travailleurs.

Institution utile et qui rend aux travailleurs les plus grands services.

* * *

Utiliser la presse — cette moderne puissance — pour la propagande est un moyen qui n'a pas non plus échappé aux Bourses du Travail.

(1) Cela est rendu d'autant plus nécessaire qu'un conseiller prud'homme est appelé à représenter et à défendre parfois les intérêts d'ouvriers de corporations fort différentes.

La nécessité de posséder des Bulletins officiels pour renseigner leurs adhérents s'est fait vivement sentir à mesure que les Bourses et leurs services se développaient. Tenir leurs membres au courant de la vie syndicale, telle en était l'utilité première, la publication des procès-verbaux des séances du Comité de la Bourse y tient donc la plupart du temps une place importante. Les statistiques du placement, offres et demandes d'emplois et leurs résultats en forment la seconde partie.

Simple organe officiel, le journal resterait d'un intérêt restreint et un peu spécial, c'est pourquoi il n'a pas tardé à devenir un organe de lutte, et dans la plupart des journaux que possèdent les Bourses du Travail, la partie polémique n'est pas la moins importante.

Signaler les abus patronaux, relever d'une satire mordante le zèle d'un contre-maître qui, pour se faire bien voir, s'abaisse par trop au rôle de valet du Capital, les journaux de Bourses s'en font un devoir et la rubrique spéciale en est toujours riche.

A côté de cela, les articles de polémique d'un intérêt plus général, les critiques de projets de lois pouvant être préjudiciables aux travailleurs, voire des monographies souvent fort bien faites, rendent intéressante la lecture de ces organes, parfois importants, puisque certains tirent à 5 et 6.000 exemplaires, et qui gagneraient à n'en pas douter à être mieux connus.

Une trentaine (1) de Bourses possèdent, à l'heure actuelle, un organe officiel mensuel, quelques-uns, ceux de Marseille, Toulon, Nantes sont bi-mensuels.

L'influence de cette presse corporative est grande

(1) Voir la liste aux documents annexes.

dans les milieux ouvriers qui y trouvent un asile pour exprimer leurs plaintes, leurs doléances et aussi parfois, leurs trop légitimes colères.

*
* *

Nous voici arrivés, d'après la classification faite au début de ce chapitre, au dernier ordre de « services » dont les Bourses du Travail aient à se préoccuper, celui de la résistance, de beaucoup plus important.

Si le patronat, qui n'est pas sans en tirer pour lui-même de sérieux avantages, ne voit pas sans trop de défiance les divers services que nous venons d'examiner, *solidarité, enseignement,* parfois même celui de la propagande, il n'en est pas de même pour ce qui concerne la résistance.

La coordination de l'action, la préparation à la lutte pour la défense et l'attaque contre l'avidité toujours grandissante du patronat d'une part, contre l'Etat d'autre part, donnent ici aux Bourses du Travail leur véritable caractère.

M. de Molinari et les premiers initiateurs bourgeois des Bourses du Travail n'avaient en vue que « la « régularisation du marché du travail », il ne s'agissait que d'assurer et de régler autant qu'il se pouvait les offres et les demandes de travail. Programme notoirement insuffisant pour l'œuvre d'émancipation sociale que les travailleurs ne perdent jamais de vue. C'est pourquoi les Bourses n'ont pas tardé à être les « Sociétés de résistance » qu'elles devaient par la force même des choses devenir. Sociétés de résistance contre la réduction des salaires, contre le prolongement excessif de la durée de travail, le respect de la dignité ouvrière, etc. Mais elles doivent viser aussi — sans quoi les autres avantages en seraient de beaucoup diminués — à la résistance contre l'augmentation *exagérée* du prix des objets de consommation. Maintenir le plus possible l'équilibre entre le prix de location du travail et le prix d'achat des produits, c'est le rôle présent des Bourses, et pour le remplir, il leur faut fatalement engager avec le Capital une guerre qui ne finira que par la disparition du système économique et politique actuel.

De ce fait, à mesure que les syndicats et que les Bourses se multipliaient, les conflits entre le Capital et le Travail devenaient fatalement plus fréquents, les travailleurs au sein de leurs groupements prenant de plus en plus conscience de leur rôle d'exploités. De là l'importance si considérable qu'ont prise les grèves dans la vie sociale de ces dernières années. C'est que les Bourses ne pouvaient se soustraire à ce qui est l'une de leurs principales raisons d'être. Que les travailleurs aspirent à un mieux-être en réclamant de leurs employeurs une diminution de travail, une augmentation de salaire, le respect d'une convention établie, c'est naturellement à la Bourse du Travail, siège de leurs syndicats qu'ils en discutent et dressent leurs cahiers de revendications. Si le patron refuse de faire droit à leurs revendications, l'arme la plus efficace — la seule même — que possède l'ouvrier étant la cessation du travail, c'est la grève avec toutes ses conséquences.

Alors la Bourse du Travail intervient, ses locaux sont à la disposition permanente des ouvriers devenus grévistes, leurs camarades des autres corporations leur doivent et leur apportent l'appui de leur solidarité. De là le rôle si important joué par les Bourses en ces dernières années dans les conflits entre le Capital et le Travail. De là aussi l'aversion que montre le patronat à leur égard. L'on sait et l'on verra plus loin ce qui en est résulté, refus de subventions jusqu'alors accordées par les conseils municipaux ou généraux, et enfin dans quelques villes l'expulsion des locaux qui avaient été jusque-là concédés aux Bourses.

Il y aurait beaucoup à dire, trop même pour que nous puissions carrément l'aborder dans le cadre forcément restreint de ce travail, sur l'action déterminante jouée par les Bourses dans les conflits de ces dernières années.

La pratique aidant l'on peut dire que les travailleurs sont à peu près parvenus à une organisation presque rationnelle de la grève.

Ce fut d'abord l'organisation de « caisses de grève » destinées à venir en aide aux familles des grévistes. La solidarité locale étant souvent insuffisante, c'est alors l'envoi partout de listes de souscription, l'appel à la solidarité des Bourses sœurs. Malheureusement la fréquence des conflits rendant ces appels insuffisants lorsque le nombre des grévistes et surtout celui des bouches à nourrir était important, il fallut songer à l'emploi le plus économique des secours reçus. On prit alors l'habitude de substituer aux secours en argent lorsque cela fut nécessaire des secours en nature, puis enfin leur mise en commun. Les *soupes communistes* étaient nées.

Leur pratique, qui a rendu aux travailleurs en conflit de si signalés services en ces derniers temps, a amené naturellement les Bourses du Travail à en généraliser l'emploi. A la conférence tenue par les délégués des Bourses à l'issue du Congrès de Marseille, une discussion des plus intéressantes s'est engagée à ce sujet et le délégué de Nancy faisant part à ses camarades des résultats obtenus, leur disait que pour 4.000 bouches à nourrir l'on avait réussi à réduire la dépense à 0 fr. 40 par tête et par jour (1).

D'autres délégués y ajoutant des renseignements non moins probants, la conférence de Marseille, puis celle tenue à Paris cette année même — 1909 — ratifient, après une ample et nouvelle discussion de la question, l' « achat par les Bourses du Travail du matériel nécessaire pour les soupes communistes ».

Peut-être pouvons-nous rappeler ici les exodes d'enfants d'ouvriers grévistes pris à charge par les adhérents des Bourses les plus proches, l'exode des enfants des grévistes de Fougères par exemple, à Rennes, à Alençon jusqu'à Paris même, mais toujours sous le contrôle et la responsabilité effective des Bourses du Travail de ces villes.

Et ainsi s'élargit toujours et de plus en plus l'action des Bourses qui de locale ne tarde pas à devenir régionale, puis nationale.

Toutes, nous l'avons vu, sont réunies en un faisceau unique qui forme la « Section confédérale des Bourses du Travail ».

Par ce lien qui les rattache les unes aux autres, elles prennent alors part à la vie économique du pays tout entier, réunissant et coordonnant leurs efforts pour l'obtention de réformes devant profiter à la totalité de la classe ouvrière ou encore pour l'agitation contre des projets de lois pouvant devenir inquiétants pour l'action économique du prolétariat.

C'est ainsi que la part prise il y a quelques années par les Bourses du Travail à l'agitation contre la modification — dans un sens réactionnaire bien en-

(1) *De l'organisation pratique et rationnelle des grèves* (en préparation).

tendu — de la loi de 1884 sur les syndicats, fut des plus importantes.

L'unanimité et la puissance de l'action firent reculer le gouvernement et le projet fut remis dans les cartons.

Ce fut ensuite l'agitation en faveur de la suppression des bureaux de placement, qui révéla en partie à la Bourgeoisie, la force et la cohésion des travailleurs groupés dans la Confédération générale du Travail. Les Bourses eurent ici encore la part la plus active dans cette agitation. La tenue dans toute la France et à la même heure de plus de 80 meetings eut une influence décisive sur le vote de la loi portant suppression des bureaux de placement. C'est aux Bourses du Travail que fut impartie l'organisation matérielle de ces meetings. Ce sont leurs orateurs qui, avec ceux de la Confédération, surent si bien convaincre leurs camarades de travail, que le gouvernement par crainte des conséquences, ne put résister.

Même tactique, même activité des Bourses pour l'agitation en faveur du *Repos hebdomadaire* et de la limitation de la journée de travail. Le 1ᵉʳ Mai 1906, l'agitation entreprise par la Confédération contre l'emploi de l'armée dans les grèves, et pour protester contre les possibilités d'une guerre européenne — lors des premiers incidents du Maroc, etc., etc. — forment trop des chapitres de l'histoire sociale contemporaine que tous ont présents à la mémoire, pour qu'il soit nécessaire d'insister.

Dans ces luttes, dans ces multiples campagnes de libération ouvrière, le rôle joué par les Bourses du Travail fut primordial et les résultats furent toujours en rapport avec l'activité — qui fut grande — qu'elles surent déployer.

*
* *

Dans certains milieux l'on a reproché aux Bourses du Travail leur propagande antimilitariste de ces dernières années. C'est là de « la politique » ont affirmé quelques-uns qui voudraient réduire à un rôle neutre et sans portée l'action des Bourses.

Ceux-là n'ignorent cependant pas qu'en cas de conflit avec le patronat, l'armée est immédiatement mise à son service, pour « protéger » les usines, bien mieux, pour remplacer les grévistes comme lors de la grève des ouvriers électriciens de Paris, où les soldats du génie et les mécaniciens de la marine furent prendre la place des grévistes.

Que les travailleurs réclament à leurs employeurs une augmentation de salaire ou un peu plus de liberté, immédiatement l'armée arrive et est mise au service du patronat.

Et les conflits inévitables se produisent: c'est Fourmies, c'est Chalon, hier encore Villeneuve-Saint-Georges. Quoi de surprenant alors que les exploités acquièrent la haine de l'armée ! De l'antimilitarisme à l'antipatriotisme il n'y a pas loin, d'autant plus que les capitalistes — les ouvriers le savent — n'y regardent pas de si près lorsqu'il s'agit de leurs intérêts.

Les travailleurs savent que M. Motte, l'ex-maire de Roubaix, a aussi des usines en Pologne; que Krupp et Schneider, les deux plus grands fabricants d'engins de meurtre, ont partie liée pour s'assurer l'exploitation de nombreuses mines de fer et de charbon, les derniers scandales des mines de l'Ouenza sont typiques à ce sujet. Les grandes entreprises métallurgiques, les *comptoirs*, sont depuis longtemps internationaux. A Villerupt, lors de la grève de 1907, les soldats français, allemands et luxembourgeois fraternisaient dans la lutte contre les ouvriers en grève. Quoi d'étonnant, devant de tels exemples, que l'idée antimilitariste ait fait les rapides progrès que l'on sait.

Et puis qu'est-ce donc au juste que la Patrie pour ces centaines de milliers d'exploités, qui, après avoir peiné à l'usine dix ou douze heures, n'ont même pas de quoi satisfaire leurs besoins primordiaux, alors qu'en face de l'usine, du bagne, se dresse le château patronal.

Exploiteurs allemands, français, anglais ont des intérêts communs, cela est indéniable; également ouvriers allemands, français, anglais, etc., ont des aspirations identiques; quels intérêts, par contre, peuvent-ils avoir à s'entretuer, eux qui, avant comme après une guerre meurtrière dont ils feraient les frais, resteraient des exploités.

C'est là ce qu'ont compris aujourd'hui les travailleurs, et pour ces raisons la propagande antimilitariste entreprise par les Bourses du Travail ne se justifie que trop.

Les Bourses du travail
et les Unions départementales et régionales

Les Bourses du Travail, on l'a vu dans un chapitre précédent, naissent de l'union, de l'entente entre plusieurs syndicats.

La Bourse du Travail n'est donc qu'une Union de syndicats de corporations différents. Et cependant, pour éviter toute confusion, il est utile ici de préciser.

Le Congrès qui se tint à Nice en 1901, décida que les Bourses du Travail ne seraient, désormais, reconnues comme adhérentes à la Fédération des Bourses qu'à titre d'Unions locales de Syndicats. Et toutes les Bourses du Travail adhérentes à la Fédération des Bourses furent invitées à ne pas rester sous le seul titre de Bourses du Travail, désignant leur groupement de Syndicats divers, mais à se former, si elles ne l'étaient déjà, en Unions locales de Syndicats.

La Bourse du Travail, spécifiait le rapporteur de cette question devant le congrès, n'est qu'un immeuble, c'est l'Union des Syndicats, s'y logeant, y ayant son siège que seule doit connaître l'organisme central: la Confédération générale du Travail.

Mesure de prudence justifiée par la suite.

Par ce moyen, lorsqu'une municipalité diminue ou retire la subvention qu'elle allouait à une Bourse du Travail, l'Union des Syndicats a le soin d'en faire pâtir seulement les services municipaux attachés spécialement à cette Bourse lorsqu'ils sont indistinctement fournis aux ouvriers syndiqués ou non.

Enfin lorsqu'une municipalité ferme une Bourse du Travail et en expulse les Syndicats ouvriers, ceux-ci, groupés par leur Union de Syndicats, ne sont en rien atteints dans leur action et leur entente. Ils en sont quittes pour chercher un local indépendant.

La Bourse du Travail subsiste comme terme de désignation, mais en fait, c'est seulement l'Union locale de Syndicats qui compte comme adhérente à la Confédération (section des Bourses).

Cette transformation était en fait justifiée par certaines campagnes systématiques menées contre les Bourses du Travail, par dessus lesquelles les journaux à la solde du capitalisme espéraient bien atteindre le mouvement syndicaliste tout entier. Cette campagne échoua piteusement comme est destinée à échouer dans l'avenir toute tentative de même nature.

Bourse du Travail et Union locale de Syndicats sont donc deux termes synonymes à peu de choses près; il importait ici de bien le spécifier. Mais à mesure que la Confédération se développait, que les syndicats se créaient partout, ceux-ci cherchant immédiatement à se rattacher à l'organisme central, ainsi apparaissait l'insuffisance des seules Unions locales et les Unions départementales ou régionales, prenant corps. Dans certains cas même, l'Union locale devenait, par extension, par l'adhésion de syndicats disséminés dans le département mais ne pouvant former entre eux des Unions locales, une Union départementale ou régionale.

Une autre difficulté se présentait. La section confédérale des Bourses du Travail — qui continue à porter ce titre — devenait un petit parlement, chaque

Bourse pouvant se faire représenter au dit Comité par un délégué — et comme nous l'avons vu, il existe à ce jour 157 Bourses ou Unions adhérentes (1). Pour cette raison, et quelques autres que nous allons examiner plus loin, les dernières conférences que tinrent les Bourses du Travail à Amiens, Marseille et à Paris il y a quelques mois à peine, décidèrent d'encourager partout la création d'Unions départementales ou régionales. En fait le nombre des Unions locales ou Bourses du Travail est illimité puisqu'il peut y avoir autant de Bourses du Travail qu'il y a de chefs-lieux de cantons en France; celui des Fédérations départementales ne dépassera au contraire, pas celui de ces circonscriptions géographiques. Au point de vue de la représentation des Unions locales au Comité Confédéral, la constitution d'Unions départementales représente donc une solution, et actuellement se créent un peu partout de nouvelles Fédérations départementales.

Du rayonnement plus grand doit naître — et c'est là l'un des plus grands arguments en faveur de leur création — une nouvelle intensification de la propagande par la facilité où se trouveront les nouvelles fédérations de créer des syndicats dans des centres où les Bourses ou Unions locales ne pouvaient avoir jusqu'alors que difficilement accès.

' Bien entendu, les Unions locales, soit sous ce titre, soit sous celui de Bourses du Travail qu'elles conservent plus volontiers, subsistent puisque les nouvelles Unions départementales qui se fondent sont formées

____

(1) Chaque délégué au Comité des Bourses peut représenter trois Bourses ou Unions locales.

Le secrétaire de la section des Bourses est Georges Yvetot, ouvrier typographe; le secrétaire-adjoint, Lenoir, ouvrier mouleur.

des Unions locales d'un département ou d'une région.

C'est ainsi que l'Union départementale de Seine-et-Marne est composée des Unions locales de Melun, Meaux, Nemours, etc...

L'Union des Alpes-Maritimes est formée des Unions locales de Nice, Menton, etc. Et combien d'autres Unions départementales importantes par le groupement d'Unions locales peu importantes.

Mais que l'on ne vienne pas par là conclure à la centralisation. Ce serait la plus grande erreur. L'organisation du syndicalisme a pour base le fédéralisme le plus absolu. Les Bourses du Travail ou Unions locales sont libres au sein des Fédérations départementales comme celles-ci sont libres au sein de la Confédération. Chaque groupe primitif — syndicat, Bourse, etc. — jouit de l'autonomie la plus absolue vis-à-vis de l'organisme placé au-dessus. De la Confédération ne partent pas des « mots d'ordre » qui seraient des ordres comme on semble le croire ou le faire croire dans les milieux où l'on redoute l'action confédérale.

Pas une action engagée, en effet, qui ne soit le fait d'une décision mûrement étudiée dans un congrès où chaque syndicat a le droit — et le devoir — de se faire représenter. C'est donc bien par la volonté de l'ensemble des syndicats confédérés que la Confédération Générale entreprend les campagnes que redoute tant le capitalisme exploiteur et lui ont attiré sa haine.

La création de Fédérations départementales ou régionales répond bien à un besoin; mais il était nécessaire d'insister ici sur leur fonctionnement pour bien faire comprendre le rôle que sont appelées à jouer les Bourses du Travail au sein des dites Fédérations.

L'indépendance des Bourses du travail

Comme on l'a vu, c'est grâce à la municipalité parisienne que les syndicats parisiens purent avoir une Bourse du Travail et même des subventions destinées à développer ses divers services.

Lorsque, vers 1890, les premières Bourses du Travail se créèrent, c'est à la municipalité qu'à Toulouse comme à Saint-Etienne ou à Marseille les commissions ouvrières, qui furent les premiers embryons des conseils d'administration des Bourses, s'adressèrent pour obtenir d'abord un local où se réunir, puis des fonds pour assurer la vie matérielle des nouvelles Unions de syndicats.

Si l'on examine d'un peu près l'organisation ouvrière à ses débuts, l'on est obligé de reconnaître que ces subventions municipales ne furent pas inutiles: elles contribuèrent à créer dans certaines villes un mouvement syndical aujourd'hui indéracinable, quelles que soient, actuellement ou dans l'avenir, les embûches patronales ou gouvernementales alliées, que les groupements syndicaux peuvent avoir à éviter.

Mais, s'il est logique de reconnaître que la pratique des subventions — car ce fut plus une pratique, si j'ose dire, qu'une théorie — ne fut pas sans utilité immédiate, l'on doit avouer que c'est de là que provient le malaise dont souffrent actuellement quelques Bourses du Travail. Il est regrettable que les Bourses n'aient pas plus profité de cette période de vie relativement facile et exempte de soucis pécuniaires pour se préparer une vie autonome plus conforme à la dignité ouvrière et surtout plus adaptée au rôle que le syndicalisme entend jouer aujourd'hui dans la société capitaliste.

Il apparaît, en effet, qu'il y a contradiction entre le caractère indéniable d'opposition du syndicalisme tel qu'il a été ratifié hier encore au Congrès de Marseille et le fait de solliciter ou d'accepter une aide des pouvoirs publics, municipaux ou autres.

Les importantes campagnes — luttes contre les bureaux de placement, 1er mai 1906, action anti-militariste, etc. — auxquelles ont pris part, avec une rare activité, la presque totalité des Bourses du Travail, ont amené, nous l'avons vu, des retraits de subventions, voire même des expulsions des locaux municipaux occupés.

Mais si les bourgeois démocrates et radicaux croient atteindre le mouvement ouvrier dans ses racines en supprimant les subventions, ils se trompent étrangement. Certes, il en résulte un malaise, mais, somme toute, plus superficiel que profond; les Bourses du Travail atteintes s'en relèvent toujours vivement et le danger passager ne fait que redonner courage aux militants, les exciter à l'action.

A la vérité, le malaise créé par le subventionnisme n'est pas imputable exclusivement aux militants des villes de province, qui ont cru devoir demander aide à leurs municipalités. L'exemple est venu d'en haut, et c'est la plupart du temps sur les conseils même du secrétaire de la Fédération des Bourses du Travail, que ces subventions ont été, au début, sollicitées et obtenues.

Dans une petite brochure éditée par les soins de la Fédération des Bourses du Travail: *Méthode pour la création et le fonctionnement des Bourses du Travail,* brochure longtemps envoyée aux organisations qui sollicitaient des renseignements pour créer une Bourse du Travail, il est indiqué tout au long, avec commentaire à l'appui, le taux de la subvention à solliciter, proportionnellement à l'importance du milieu ouvrier et des ressources de la localité. De plus, la brochure s'étendait sur les moyens propres à obtenir lesdites subventions. Comptant s'attacher les travailleurs, s'en faire — et, reconnaissons-le, s'en faisant par ce procédé — une *clientèle électorale facile*, les municipalités radicales et socialistes votèrent les subventions, accordèrent les locaux sollicités ou en firent bâtir spécialement.

Tant que les Bourses du Travail se contentèrent d'organiser des bureaux de placement ou de créer des cours professionnels, ou autres services semblables, tant qu'elles se cantonnèrent dans une besogne pacifique, les subventions furent renouvelées et augmentées. Mais du jour où la classe ouvrière, plus consciente d'elle-même, se résolut à la lutte contre ses exploiteurs, lorsque les théories de l'action directe se développèrent, dès lors les municipalités radicales et démocrates, voire même socialistes se cabrèrent, et les refus de subventions, l'expulsion des locaux jusque-là accordés commença... et continue.

Certes, nombre de Bourses n'ont pas cessé, malgré une action révolutionnaire indéniable, de toucher leurs subventions, d'avoir la jouissance de leurs locaux. C'est que la crainte de l'électeur est le commencement de la sagesse. Beaucoup de municipalités n'attendent que l'occasion favorable et que le danger de la non réélection soit complètement écarté, pour, en supprimant la subvention, essayer de tuer l'organisation ouvrière, nuisible au gros patronat et au « petit commerce », si utiles au succès en période électorale.

D'autre part, cette crainte de voir supprimer le pécule qui facilite le fonctionnement des institutions créées par les Bourses — dont le patronat après tout profite lui aussi — rend parfois prudents, trop prudents les bénéficiaires. La vigueur dans l'action s'en trouve atteinte, diminuée. Cela n'a pas échappé aux militants et, aux dernières conférences qu'ont tenues les délégués des Bourses du Travail, les moyens propres à se libérer ont été sérieusement examinés.

Le subventionnisme fut un moment, il faut le dire, un danger puisque la *Fédération des Bourses du Travail* obtint du gouvernement une subvention de 10.000 francs inscrite au budget de l'Etat au chapitre du ministère du Commerce.

C'était pendant la période du « Millerandisme ». L'on espérait bien alors en haut lieu ramener les organisations syndicales et les Bourses du Travail notamment, dont l'action commençait à devenir inquiétante, dans une voie plus conforme à l'idéal démocratique de nos socialistes d'Etat (1). Ces jours de douce « collaboration », malgré quelques espérances que pouvaient avoir fait naître certains incidents qui eurent leur écho au Comité confédéral ne semblent pas malgré tout devoir se réaliser de sitôt.

Aujourd'hui, le péril que l'on aurait pu craindre pour les Bourses du Travail du fait du subventionnisme peut être considéré comme entièrement conjuré. Conseils municipaux et conseils généraux, bourgeois, démocrates et gouvernementaux biffent à qui mieux mieux les modestes subventions qu'ils avaient

(1) Voir un historique plus complet de cette subvention dans un article du *Mouvement Socialiste*, n° 196 : *Les Bourses du Travail et leurs difficultés actuelles*, par Paul Delesalle.

jusqu'alors continué à voter. Le moment est donc venu d'examiner comment et par quels moyens les Bourses peuvent les remplacer.

La question n'est pas précisément neuve, il est vrai, puisque déjà en 1901, au Congrès de Nice, « l'indépendance des Bourses et les moyens propres à assurer la vitalité des Bourses par elles-mêmes » furent envisagés. Cet ordre du jour y fut longuement discuté, des rapports non sans intérêt y furent présentés, mais rapports et discussions restèrent « objet de congrès », et aucune résolution ou application pratique ne devait en sortir. Du reste, à cette époque, comme nous l'avons vu plus haut, le « subventionnisme » sévissait à la Fédération des Bourses — subvention de 10.000 fr. pour son « *office de statistique et de placement* » — et il était dès lors assez difficile d'en faire abandonner la pratique aux Bourses elles-mêmes.

Aujourd'hui, la situation est différente, et l'action énergique engagée par la Confédération depuis trois à quatre ans l'a fortement facilitée.

Ce qu'il faut, ce à quoi doivent tendre les efforts des hommes qui ont assumé la difficile et complexe tâche d'organiser et d'orienter le mouvement syndical, c'est que celui-ci arrive avant tout à vivre *par lui-même*. L'entière, la complète indépendance est là et là seulement. Arriver à être chez elles, avoir leurs locaux à elles, telle est la besogne la plus urgente pour les Bourses du Travail éprises d'indépendance et de liberté d'action.

En cherchant bien, cela n'est peut-être pas aussi difficile que quelques-uns ne semblent le croire. Un peu de confiance en soi et beaucoup de volonté y aideraient ardemment.

Un fait est venu le démontrer. La Confédération Générale du Travail, expulsée de la Bourse du Travail de Paris, chassée ensuite de locaux privés où elle avait transporté ses services et parvenant, au bout de deux ou trois années, à avoir un local à elle, a excité la confiance, donné aux plus timorés un exemple (1).

Cette question de l'indépendance du mouvement syndical, s'il veut rester dans la tradition révolutionnaire de ces dernières années, me semble primordiale. Je ne puis mieux faire que de reproduire ici ce que j'écrivais à ce sujet (2) et ayant trait surtout aux moyens les plus pratiques, selon moi, à conquérir cette indépendance.

« Tout d'abord, j'écarterai *de plano* l'un des moyens préconisés: *le concours des coopératives de production et de consommation.* » En effet, l'expérience nous a souvent montré que ces organismes avaient trop à lutter pour eux-mêmes, pour qu'il nous soit permis d'en faire état et d'attacher à leur sort l'existence du mouvement syndicaliste. Que là où les coopératives

(1) La campagne menée dans les milieux du syndicalisme réformiste contre Griffuelhes et la *Maison des Fédérations* est d'autant plus injuste et l'on peut dire de mauvaise foi, que le dévouement et l'esprit d'abnégation, la volonté forte de réussir, dont il fit preuve dans les différentes phases des pourparlers et des opérations qui amenèrent la Confédération à se rendre indépendante, sont d'un homme — j'en parle en connaissance de cause, ayant vécu ces jours côte à côte avec lui — dont il serait à souhaiter que la classe ouvrière eut de nombreux exemples. Un jour viendra où ses adversaires seront bien obligés de le reconnaître, comme ils ont dû convenir de la valeur et du dévouement dont avait fait preuve Pelloutier qu'ils n'avaient — les mêmes — cessé d'attaquer alors que lentement il édifiait ce qui a fait depuis en partie la force du mouvement syndicaliste.

(2) *Mouvement socialiste,* n° 196, 15 mars 1908, pp. 167, 168, 169.

sont prospères, elles viennent en aide au mouvement syndical, c'est bien; mais ce serait [peut-être] s'exposer à de gros déboires que de faire fond et de vouloir établir l'indépendance financière des Bourses du Travail sur la vie coopérative. »

Et plus loin: « *Etre chez soi, avoir son immeuble à soi* (1). Voilà le but à poursuivre. »

Je sais bien les difficultés insurmontables qui se dressent. Mais si l'on ne peut d'abord posséder un bâtiment approprié à l'usage, il est plus facile de commencer par faire, à l'avance, l'acquisition du terrain où l'on construira plus tard.

Le terrain acquis, les organisations elles-mêmes pourraient apporter leur concours à l'édification des locaux. Chaque travailleur trouverait aisément dans sa sphère à s'y employer : terrassiers, maçons, couvreurs, menuisiers y pourvoiraient par leur science et leur travail; et tous aimeraient la « maison » qu'ils auraient construite et qui serait leur « œuvre ». Il y aurait là un réel stimulant pour toutes les initiatives. Et quelle belle leçon de choses nous nous fournirions à nous-mêmes ! Et plus j'y réfléchis, moins il me semble difficile de passer de la théorie à la pratique. Il suffirait un peu de le vouloir fortement, et ceci n'est nullement impossible certes, dans la plupart des centres ouvriers!

Une fois la « Maison des ouvriers » bâtie, j'aurais confiance: le reste viendrait facilement et la vie intérieure n'en serait pas difficile à assurer.

Si je voulais entrer dans les détails, comme fit

(1) Certaines Bourses y sont déjà parvenues: Le Havre, Dreux, d'autres louent des locaux indépendants de la municipalité. Les travailleurs de Fougères se sont bâti un local à eux, etc., etc...

Pelloutier, lorsqu'il écrivit la *Méthode pour la création et le fonctionnement des Bourses du Travail*, il me serait possible d'établir des « catégories » suivant l'importance des centres ouvriers à pourvoir. J'estime, au contraire, que c'est aux intéressés eux-mêmes à examiner ces choses et que trop de conditions locales et variables suivant les milieux sont nécessaires à connaître pour pouvoir fixer des bases, même approximatives.

Mais — va-t-on me dire — c'est malgré tout le commencement qui sera pénible: l'achat d'un terrain. Je réponds: Pour l'acquisition d'un terrain, il faut, en somme, dans nombre de villes de province, peu de chose, et les syndicats, qui ont un fond de caisse, pourraient utilement à se créer un *chez eux*. Quelques centaines de mètres seraient souvent suffisants pour bâtir une grande salle de réunions et les locaux nécessaires à chaque syndicat et au secrétariat de la Bourse.

Ces premiers fonds pourraient aussi être trouvés dans le prélèvement d'une cotisation supplémentaire pendant un certain temps. J'ai la conviction que pour beaucoup la perspective d'avoir un local à eux, dont ils seraient les maîtres, qu'ils géreraient comme bon ils l'entendraient, le sacrifice ne serait pas trop grand.

C'est surtout et par dessus tout de l'initiative des camarades qui assument la parfois lourde charge de secrétaire, qu'il faut attendre cet effort. Egalement, les délégués dans les Conseils d'administration des Bourses peuvent beaucoup par la connaissance approfondie de leurs organisations et des ressources qu'il est possible d'en tirer.

A la *sur-cotisation spéciale* et uniquement destinée à se rendre indépendants, quelques compléments de fonds peuvent être trouvés dans l'organisation de réunions ou fêtes familiales. Il m'a parfois été donné d'assister, en province, à quelques-unes de ces fêtes fort bien réussies à tous les points de vue.

Si j'examine ces moyens, c'est que je sais, par expérience, combien l'ouvrier français, même organisé et dévoué à son organisation, est encore *rebelle aux fortes cotisations*, surtout quand elles n'ont pas un but immédiatement senti. Mais encore une fois, je crois qu'il serait facile d'obtenir des suppléments de cotisations pour une œuvre aussi urgente et aussi précise.

Et puis, il y aurait là, semble-t-il, un stimulant. Le désir d'indépendance, de liberté et d'autonomie a toujours été grand chez l'ouvrier français: et ce qui a pu faire parfois, et dans des circonstances déterminées, sa faiblesse, pourrait contribuer ici à devenir sa force. Si certaines Bourses du Travail sont délaissées, si les camarades syndiqués ne s'en occupent pas comme ils le devraient, c'est qu'ils n'y ont aucune attache réellement solide.

On ne se dévoue, on ne se passionne vraiment que pour ce qui nous oblige à un effort. Pour cet effort, l'exemple doit venir d'en haut, et les conseils d'administration, les secrétaires des Bourses peuvent beaucoup en ce sens.

J'y insiste encore une fois. Qu'on songe à l'exemple donné au centre. La Confédération Générale du Travail — c'est là un bien grand service que lui ont rendu ses adversaires — est aujourd'hui chez elle, ayant des services qui lui sont propres, service médical pour les accidentés du travail, imprimerie, etc., etc , services qui chaque jour tendent à prendre plus d'importance. C'est cet exemple, venu d'en haut, que doivent imiter les organismes qui sont à la base, et qui en fait ont à lutter contre de moindres difficultés.

Bien mieux: de ces services destinés à un but uti-
litaire immédiat, la Confédération, lorsque tous fonc-
tionneront normalement, lorsqu'elle en aura terminé
aussi avec les difficultés du début, dort les plus
grosses sont dès maintenant vaincues, la Confédération, dis-je, tirera les bénéfices qui pourront être
utiles à la propagande.

Et j'ajoutais, sous forme de conclusion:

« J'ai [cherché] à indiquer une solution. Y en a-t-il
de meilleure? Je ne demande pas mieux que de m'y
rallier. L'essentiel, c'est de s'émanciper au plus tôt
de toute tutelle financière et politicienne. »

Aujourd'hui, quoique moins intimement mêlé au
mouvement, je pense encore de même, et les faits
sont toujours venus confirmer mes opinions à ce sujet.

La substitution des Unions locales, départementales
ou régionales de syndicats divers au sein de la section
confédérale des Bourses, aux Bourses du Travail,
montre que les travailleurs organisés sont bien imbus
de cet esprit d'indépendance.

Les Bourses du Travail subsistent et subsisteront
quel que soit le devenir du mouvement syndicaliste
actuel. Leur rôle même ne fait, à notre avis, que
commencer. Les travailleurs imbus des idées qui sont
la caractéristique de notre Confédération Générale du
Travail entrevoient pour ces institutions de nouveaux développements, leur assignent dans la société
future un rôle bien plus grand encore. Ils veulent y
voir l'embryon des organismes qui, dans une société
communiste, assureraient la production et la réparti-
tion. « S'il est exact que l'avenir est à l' « association
libre des producteurs » prévue par Bakounine —
écrivait Fernand Pelloutier — annoncée par toutes
les manifestations de ce siècle, proclamée même par
les défenseurs les plus qualifiés du régime politique

actuel, ce sera sans doute dans ces Bourses du Travail ou dans des organismes semblables, mais ouverts à tout ce qui pense et agit, que les hommes se rencontreront pour chercher en commun les moyens de discipliner les forces naturelles et de les faire servir au bien-être humain. »

Rôle beau et grand, s'il en fût jamais, l'on en conviendra, et qui, nous n'en doutons pas, se réalisera un jour.

Le rapide développement des Bourses du Travail, l'importance toujours plus grande qu'elles ne cessent de prendre dans la vie économique de ce pays nous en donnent l'assurance.

DOCUMENTS ANNEXES

Circulaire du 25 avril 1907 du Garde des Sceaux, ministre de la Justice, aux procureurs généraux près les cours d'appel, concernant les poursuites pour vagabondage contre les ouvriers porteurs d'un livret de viaticum.

« Un certain nombre de Fédérations ou Syndicats d'ouvriers se sont préoccupés d'assurer à leurs adhérents en quête de travail des ressources qui leur permettent de se déplacer pour se procurer un engagement ou un emploi. A cet effet, ces Syndicats ont institué un secours de route, dit *viaticum*, que l'adhérent a le droit de toucher, sur le vu d'un livret et jusqu'à concurrence d'une somme déterminée, dans chacune des Sections de la Fédération ou du Syndicat. »

« La possesion de ce livret constitue un moyen d'existence certain; elle est, par suite, exclusive de l'état de vagabondage. Il importe, dès lors, que les agents de la force publique, les officiers de police judiciaire et les magistrats soient avisés qu'aucun procès-verbal ne doit être dressé, qu'aucune poursuite ne saurait être exercée pour vagabondage contre les porteurs des livrets dont s'agit, sauf vérification de la régularité du titre et de la réalité du crédit que le bénéficiaire prétend en retirer. »

Congrès des Bourses du Travail depuis celui de Saint-Etienne, où furent jetées les bases de la constitution de la Fédération des Bourses du Travail.

1892, Saint-Etienne (I). — 1893, Toulouse (II). — 1894, Lyon (III). — 1895, Nîmes (IV). — 1896, Tours (V). — 1897, Toulouse (VI). — 1898, Rennes (VII). — 1900, Paris (VIII). — 1901, Nice (IX). — 1902, Alger (X).

En 1904, à Bourges, en 1906, à Amiens, en 1908, à Marseille, et en juin 1909, à Paris, se sont tenues, à l'issue du Congrès national corporatif, des *Conférences des Bourses.*

LOCALITÉS

possédant une Bourse du Travail ou Union locale des Syndicats

Agde
Agen.
Aix
Alais.
Albi.
Alençon.
Alger.
Amiens.
Angers.
Angoulême.
Annecy.
Arles.
Auch.
Auxerre.
Avignon.

Bagnères-de-Bigorre.
Bastia.
Bayonne.
Bédarieux.
Belfort.
Béziers.
Blois.
Bône (Algérie).
Bourges.

Bordeaux.
Boulogne-sur-Mer.
Bourg.
Brest.
Brive.

Caen.
Cannes.
Cahors.
Calais.
Carcassonne.
Castres.
Cette.
Chalon-sur-Saône.
Chambéry.
Charleville.
Chartres.
Châteauroux.
Chaumont.
Chauny.
Cherbourg.
Cholet.
Clermont-Ferrand.
Clichy.
Cognac.

Commentry.
Constantine.
Creil.

Dijon.
Dunkerque.
Dôle.
Dreux.

Elbeuf.
Epernay.
Escarbotin.
Evreux.

Fontenay-le-Comte.
Fougères.
Givors.
Grenoble.

Issoudun.
Issy-les-Moulineaux.
Ivry.

La Pallice.
La Guerche.
La Rochelle.
Laval.
La Roche-sur-Yon.
Le Havre.
Le Mans.
Levallois-Perret.
Lille.
Limoges.
Lons-le-Saunier.
Lorient.
Lyon.

Mâcon.

Marseille.
Mazamet.
Meaux.
Mehun-sur-Yèvre.
Mèze.
Montauban.
Montluçon.
Montpellier.
Moulins.

Nancy.
Nantes.
Narbonne.
Nemours.
Nevers.
Nice.
Nîmes.
Niort.
Oran.
Orléans.

Paris.
Pau.
Périgueux.
Perpignan.
Poitiers.
Puteaux-Courbevoie.

Reims.
Rennes.
Rive-de-Gier.
Rochefort-sur-Mer.
Roanne.
Romans.
Romilly-sur-Seine.
Roubaix.
Rouen.
Romorantin.

Saintes.
Saint-Amand.
Saint-Brieuc.
Saint-Chamond.
Saint-Claude.
Saint-Denis.
Saint-Etienne.
Saint-Nazaire.
Saint-Quentin.
Saint-Raphaël.
Sens.
Soissons.

Tarare.
Tarbes.
Thiers.

Toulon.
Toulouse.
Tourcoing.
Tours.
Troyes.
Tulle.
Tunis.

Valence.
Versailles.
Vichy.
Vienne.
Vierzon.
Villefranche-sur-Saône.
Villeneuve-sur-Lot.
Voiron.

FÉDÉRATIONS DÉPARTEMENTALES

Fédération des Ardennes.
Fédération de Meurthe-et-Moselle.
Fédération de Seine-et-Marne.
Union des Syndicats de la Seine.
Fédération de Seine-et-Oise.
Fédération des Vosges.

ORGANES SYNDICALISTES

PUBLIÉS PAR LES

Bourses du Travail ou Unions de Syndicats adhérentes

à la Confédération générale du Travail

La Tribune Syndicale (trimestriel), Albi. B. d. T.

Bulletin Officiel de la Bourse du Travail d'Arles (périodique), boulevard des Lices.

L'Action Syndicale (mensuel), Bayonne. B. d. T.

Le Réveil Syndical (mensuel), Belfort. B. d. T.

Bulletin de la Bourse du Travail (périodique), Besançon. B. d. T.

Le Travailleur Bitterrois (mensuel), Béziers, B. d. T.

Le Travailleur Syndiqué (mensuel), Cannes. B. d. T.

Bulletin de la Bourse du Travail (mensuel), Clermont-Ferrand. B. d. T.

La Vie Ouvrière (mensuel), Creil, rue du Plessis-Pommeraye, 24.

Journal des Syndiqués (périodique), Dunkerque. B. d. T.

Le Syndicaliste (mensuel), Grenoble, rue du Lycée, 11.

Vérités (mensuel), Le Havre. B. d. T.

Le **Travailleur Syndiqué** (mensuel), Lyon. B. d. T.

L'Ouvrier Syndiqué (bi-mensuel), Marseille. B. d. T.

Le **Travailleur Syndiqué** (mensuel), Montpellier. B. d. T.

Le **Syndicaliste** (bi-mensuel), Nancy. B. d. T.

L'Ouest Syndicaliste (bi-mensuel), Nantes, rue Scribe, 26 bis.

L'Union Syndicale (mensuel), Nice. B. d. T.

Bulletin Officiel de la Bourse du Travail (périodique), Orléans. B. d. T.

Bulletin Officiel de l'Union des Syndicats de la Seine, 33, rue Grange-aux-Belles, Paris.

La **Bourse du Travail** (mensuel), Perpignan. B. d. T.

La **Tribune Ouvrière** (bi-mensuel), Rennes, rue de Berlin, 5.

Bulletin Officiel de la Bourse du Travail (périodique), Saint-Quentin. B. d. T.

L'Action Syndicaliste (bi-mensuel), Toulon. B. d. T.

L'Emancipation (mensuel), Toulouse. B. d. T.

TABLE DES MATIÈRES

Imprimerie Coopérative Ouvrière, 26, rue Hermand-Daix
Villeneuve-Saint-Georges (S.-et-O.)